C

ALICIA ALONSO

GISELLE: EL INSTANTE ETERNO

Alicia Alonso en el primer acto del ballet *Giselle*.
Foto: Annemarie Heinrich, Buenos Aires

ALICIA ALONSO

GISELLE: EL INSTANTE ETERNO

Selección y edición
MAYDA BUSTAMANTE

80° ANIVERSARIO
DEL DEBUT DE
ALICIA
ALONSO
EN EL PERSONAJE
DE GISELLE

«Ella nació para que Giselle no mucra»

ediciones Cumbres

ALICIA ALONSO

GISELLE: EL INSTANTE ETERNO

Selección y edición
MAYDA BUSTAMANTE

© Sobre la presente edición: Ediciones Cumbres, 2023

© Foto de cubierta: Tito Álvarez

© Foto de contracubierta: Annemarie Heinrich

Todas las imágenes que aparecen en esta edición provienen de los archivos de la Colección Museo Nacional de la Danza, La Habana, Cuba.

Coordinador: José Ramón Neyra

EDICIONES CUMBRES
[ESPECTÁCULOS Y EDICIONES SL]
Paseo Ermita del Santo 40, Local 1 • 28011 Madrid
espectaculosyediciones.sl@gmail.com

Fundadora y editora de Ediciones Cumbres: Mayda Bustamante
Diseño de catálogo: Carril Bustamante
Maquetación para e-book: Alessandra Carril

ISBN: 978-84-124628-2-1
Depósito legal: M-33002-2023

Impreso en Safekat
Calle Laguna del Marquesado, 32 L, 28021 Madrid

«Como el desnudo de la libertad
como el faro de un puerto».

A Alicia Alonso, savia, proa, inspiración.
Gracias siempre por el privilegio de su cercanía.

A Pedro Simón, imprescindible en mi vida.
Gracias por estar y por tu sabiduría.

A José Ramón Neyra, el mejor colaborador.
Gracias por tu entrega y tu paciencia.

Alicia Alonso durante la filmación del ballet *Giselle*, en 1963.
Foto: ICAIC

La Giselle
de Alicia Alonso

Desde la década de los años cuarenta del siglo XX, Alicia Alonso ocupa un lugar único en la danza escénica internacional, no solamente por contarse entre las grandes bailarinas que en el mundo han sido, sino por la multiplicidad de caminos en que se ha desplegado su poder creativo: intérprete, coreógrafa, maestra, directora y animadora del movimiento danzario en su país y en el extranjero. Además, la milagrosa permanencia de su arte por más de cuatro décadas y su enorme sensibilidad y cultura en lo que se refiere a los estilos, hacen de ella un caso de excepción. El crítico norteamericano Martin Bernheimer se refirió a la Alonso en los siguientes términos: "Ella es sin duda una de las más grandes bailarinas de este siglo, pero además de una gran bailarina es una heroica sobreviviente. Es una genuina exponente de una *escuela* específica y de un período de la danza —grande, afirmativo, sensible, indulgente, exquisitamente detallista— que está hoy en vías de extinción".

Formada por ilustres profesores europeos radicados en Estados Unidos, recibió allí lo más puro y legítimo de la tradición, que ella asimiló y enriqueció con su talento personal. La herencia de la antigua *escuela rusa* le llegó sobre todo por Alexandra Fedórova, destacada solista del teatro Mariinski a principios del siglo XX; y la vieja *escuela italiana* con el veneciano Enrico Zanfretta, integrante del ballet de la Scala de Milán, a finales del siglo XIX. Su formación se enriqueció también con el aporte de personalidades como Anatole Vilzak, Vera Volkova, Olga Preobrajenska; y los coreógrafos Mijaíl Fokin, George Balanchine, Leonide Massine y Antony Tudor.

El poder de fascinación de una presencia escénica tocada por la magia, una técnica deslumbrante y cualidades ilimitadas de actriz, son factores que han llevado a Alicia Alonso a la inusual categoría de una leyenda viva en el ballet contemporáneo. Pero nadie dudaría que su interpretación de *Giselle* pudiera representar, por sí misma, la justificación de una fama que trasciende épocas y países. La célebre bailarina cubana ha afirmado muchas veces que no tiene un papel o personaje preferido, pues cada uno —dice—, le aporta una nueva dimensión que justifica su estimación y disfrute. Sin embargo, no hay dudas de que *Giselle* ha enriquecido con destellos muy particulares la trayectoria de esta artista, que por muchos años ha entregado su gracia poética en la humilde y predestinada aldeana de Heine y Gautier.

Pedro Simón Martínez

Crónica
de un sentimiento

Y se hacía una estrella luminosa. Así la veía. En la danza no dejó espacio para el error.

Es el momento de recordarla, memoria sagrada.

Esta selección, *Alicia Alonso. Giselle: el instante eterno*, pretende ser eso, un recorrido por los rincones más relevantes de los que la conocieron.

¿La más grande de Cuba, la isla que la sostuvo y que tanto amó? Sin dudas. ¿La más grande de Iberoamérica? Lo testifican las prolongadas ovaciones que se fueron con ella, pero «las patrias no limitan de un modo único con accidentes geográficos». Ella traspasó todos los límites y fronteras para convertirse en horcón universal del *ballet*, en figura cimera, ¡y cómo se inunda el mundo ahora de nostalgias por su baile!

Frases que la catapultaron en el monumento que es, y si se esculpiera en cada país que tuvo el privilegio de perder el aliento ante sus interpretaciones, tendría que decir: la Giselle más extraordinaria de todos los tiempos.

¿Qué otra bailarina, en cualquier rol, puede exhibir como usted esta genealogía? Rotundamente, nadie. Más de veinte países de Europa, América Latina, América del Norte, países del este, en esta selección, incluidos los países más representativos del *ballet* desde su creación: Francia, Rusia, Dinamarca, Reino Unido, Estados Unidos y, obviamente, Cuba. ¿Qué otra bailarina puede contar con tantas opiniones emitidas por escritores, ensayistas y, sobre todo, por los críticos, que tuvieron el honor de compartir siglo con usted? Rotundamente ninguna.

Este libro, que solo aspira a mantener vivo el recuerdo y homenajearla en el 80 aniversario de la primera vez que interpretó Giselle, está concebido no como una recopilación exhaustiva de su andadura por este rol —para eso, ya existe *Alicia Alonso o la eternidad de Giselle*—, sino del momento de destello, definitorio, tal como la vieron sus contemporáneos. Está, además, profusamente ilustrado, lo que lo convierte al final en objeto de arte.

Vuelvo a lo que escribí cuando se publicó *Alicia Alonso o la eternidad de Giselle*: «Alicia Alonso es, en otros aspectos, un fenómeno solo comparable humanamente con Beethoven, que fue capaz de componer con dificultades que, precisamente, le impedían escuchar; o con Degas, que pintaba cuando ya no podía gozar del sentido de la vista. Alicia Alonso, que ha padecido una inmerecida limitación visual desde muy joven, acrecentada con los años, ha bailado con esa dificultad a un nivel de máxima excelencia, y pertenece por derecho propio a ese reducido universo en el que caben muy pocos nombres: el de la genialidad».

Gracias, Alicia, por ser en mi vida savia, proa, inspiración. Gracias por la cercanía sostenida en el tiempo. Gracias, Pedro, amigo, por estar siempre y por tu sabiduría; gracias, Neyra, por tu invaluable colaboración; gracias, Liuba María Hevia, por haberte sumado con tu música.

¡Feliz aniversario, Alicia!

Mayda Bustamante

En el primer acto. Foto: Luis Castañeda

Giselle posee un peso dramático muy grande. Con este se alcanza el punto máximo de lo que es el Romanticismo.

Alicia Alonso, 1980

Giselle ha permanecido como el más sugestivo de todos los ballets del repertorio tradicional.

Alicia Alonso, 1978

Mientras más una tiene el estilo de Giselle, más se queda en la memoria del público, mayor riqueza le entrega una al público y mejor se siente uno bailando.

Alicia Alonso, 1988

En la medida en que yo maduraba como artista, que maduraba como persona, iba también madurando los personajes y en ellos Giselle, que era un personaje tan importante para mí, tan querido. He ido teniendo más conciencia de cada gesto, de cada paso, del porqué de la historia y de algo muy importante: el estilo, el estilo del ballet. Y esto es lo que se ha ido reflejando año tras año. Un artista no se hace en dos días, ni en tres, ni en cuatro: un artista se hace en muchos años, en la suma de todos los días.

Alicia Alonso, 1988

El poner yo la versión de *Giselle*, mi versión de *Giselle* en la Ópera de París, fue una experiencia muy bonita. Fue un honor, porque al lugar en que nació *Giselle*, nosotros le devolvimos *Giselle*.

Una *Giselle* rejuvenecida, una *Giselle* que según la crítica francesa era la mejor versión que ellos habían visto. Eso fue un honor para nosotros, un gran honor.

Alicia Alonso, 1988

Yo creo que una bailarina tiene que pensar siempre que todas las funciones son importantes. Porque ese es el momento que ha esperado toda su vida: el momento en que baila. Nunca en mi vida yo he bailado exactamente igual dos funciones de *Giselle*.

Alicia Alonso, 2000

ALEMANIA

Alicia Alonso, quien por esta fecha hace exactamente treinta y seis años que debutó en Giselle, nos introduce casi sacralmente, con filigranas de brazos y sensibilidad mímica fascinantes, en los misterios de un arte balletístico que los años no han podido deteriorar.

Hartmut Regitz, crítico. *Stuttgarter Nachrichten*,
Stuttgart, 1979

Fue un reencuentro fantasmagórico con un hálito, un carisma, un halo, como no puede encontrarse fuera de ella y de la Fonteyn en ninguna otra prima ballerina todavía activa. Los ciudadanos de Stuttgart aclamaron largamente a los cubanos en sus dos representaciones.

Horst Koegler, crítico. *Stuttgarter Zeitung*,
Sttugart, 1979

ARGENTINA

No se puede ser más etéreo en este mundo triste. No se puede bailar mejor ni con más expresión dramática en el mundo físico y convencional de la danza., El color coreográfico, rara cualidad en las bailarinas, en ella parece dar vida de leyenda a todo un mundo, estremecedoramente añejo y fugaz, erguido en equilibrio sobre las cinco torres de Noverre, y ese prodigio de Alicia Alonso nos viene de Cuba.

Ella nació para que Giselle no muera.

Fernando Emery, Buenos Aires, 1949

Alicia Alonso reta a duelo el recuerdo de las Giselle más ilustres. Y sale victoriosa. Porque no se puede ser más aérea, más tierna y más triste, más excelsamente romántica.

Revista Sintonía, Buenos Aires, 1949

BRASIL

Alicia es en este instante de magia coreográfica, un gran momento del siglo XX, que la historia de la danza registrará con orgullo.

Ironides Rodríguez, crítico. *Diario Trabalhista*, Río de Janeiro, 1958

Alicia Alonso en el primer acto de *Giselle*, en la Ópera de París, en el estreno de su versión coreográfica del ballet en ese teatro, en 1972. Foto: Francette Levieux

BÉLGICA

Alicia Alonso, maravillosa Giselle.

Después de haber visto Giselle, bailado por las más grandes bailarinas del mundo, unas veces en versiones rusas, otras francesas, americanas o inglesas, ¿sería posible que otra estrella y otra versión coreográfica, cubana esta vez, pudiera hacernos vibrar?

La pureza maravillosa de su danza, que anima una sinceridad profunda, la hacen de las más grandes bailarinas románticas de nuestro tiempo.

Alicia no sólo nos hizo vibrar, sino que conmovió a todo un auditorio.

A. B. Crítico. *Le Soir*, Bruselas, 1969

Alicia Alonso no es solamente una extraordinaria bailarina, ella es también una admirable trágica.

A. F. Crítico. *Le Dernier Heure*, Bruselas, 1969

La pureza maravillosa de su danza, que anima una sinceridad profunda, la hacen de las más grandes bailarinas románticas de nuestro tiempo.

Henri Berthod, crítico. *Relax*, Bruselas, 1969

Ella es sin duda una de las últimas grandes bailarinas románticas que conoce y sabe mezclar una técnica incomparable con una fe en su arte.

J. F. crítico. *La Libre Belgique*, Bruselas, 1969

Tanto de coreógrafa como de intérprete del rol central de Giselle, Alicia Alonso se revela como una de las más grandes de nuestra época.

Le Peuple, Bruselas, 1969

BULGARIA

Cuando ella se convierte en Giselle, el arte adquiere las dimensiones de lo grande y de lo no transitorio en la vida

Es una gran dicha para la humanidad que haya nacido Alicia Alonso -uno de los fenómenos más grandes en la historia del ballet- la más inspirada intérprete de Giselle.

Teodosi Teodosiev, crítico. Otechestven, Sofía, 1969

Yo ya había escrito hace tiempo que Alicia no baila el papel de Giselle, sino que lo vive. Ahora puedo añadir que su interpretación no sólo es una vivencia, sino una ceremonia solemne, que alcanza alturas insólitas. Sí. Alicia volvió a sorprendernos... Y no sólo eso: ella nos encantó, nos elevó, purificó nuestras almas... nos condujo a la clarividencia espiritual. Alicia es la emanación profunda del alma humana, la expresión de la humanidad suprema.

Teodosi Teodosiev, crítico. *Boletín de prensa VII Festival Internacional de Ballet*, la Habana, 1980

CANADÁ

La Giselle de Alicia Alonso es célebre y hasta ahora aquí no se había bailado así un rol de tal talla.

Gilles Potvin, crítico. *La Presse*, Montreal, 1967

"Un golpe de genio: la Alonso en Giselle." Alicia Alonso ha refinado su arte gradualmente, desechando todo lo que es superfluo, hasta alcanzar lo que ella presenta en la escena: la esencia de la danza.

Ralph Hicklin, crítico. *The Globe and Mail*.
Montreal, 1967

La Giselle de la Alonso es romántica, mágica y una inolvidable pieza de teatro.

Stephen Godfrey, crítico. *The Globe and Mail*.
Toronto, 1978

En la versión cubana, el baile siempre sirve al drama. La propia Alonso, sin duda, es una de las grandes Giselle de nuestro tiempo [...] su profundización dentro del personaje de esta muchacha campesina, cuyo corazón y juicio han sido destruidos por un deshonesto aristócrata, sigue conquistando la admiración. Ella es una maestra ilusionista. su escena de la locura es un maravilloso momento para admirar la forma en que la vida parece, primeramente escapársele a ella, como sus piernas van oscilando y luego ver su entrada en la fantasía con una inclinada elevación de la cabeza. Más maravilloso aún es ver cómo ella personifica a Giselle salida de la tumba, tan etérea, ligera, casta y frágil.

William Littler, crítico. *The Toronto Star*. Toronto, 1978

En el primer acto, en el Metropolitan Opera House, de Nueva York.
Foto: Martha Swope

CUBA

Alicia Alonso hizo de Giselle un espectáculo memorable, que habrá de ser recordado y estimado como una fecha en la historia del ballet en Cuba.
José M. Valdés Rodríguez crítico cubano. *El Mundo*, 1945

Ella es de veras una luz que se mueve. Ella es leve, ondulosa, casi traslúcida. Guarda siempre los ojos bajos para que no le interfieran la danza; las manos se le funden en la música, los pies en el aire, el ruedo del vestido en una nube imaginaria... no hay color en ella, no hay gesto ni contornos, apenas una sonrisa tan imperceptible como la de Gioconda.

Y el milagro está en que llegando ella a esta total ausencia de sí misma, produzca sin embargo, una tan definida sensación de presencia real y viva. Y tal vez no sea ése el milagro sino el camino natural de la emoción estética y hasta de toda noble emoción.
Dulce María Loynaz, escritora, poeta cubana.
El País, Cuba, 1948

Y apareció Alicia en Giselle. Hubo una expectación intensa y poco a poco, imponiendo su gracia calculada, su armonía humana, su ciencia que nunca parece ciencia, su poder de trascender el gesto para llevarlo al plano de la emoción pura, Alicia se apoderó del público. «Tú eres Giselle» –le dijo un día Maurice Béjart–. Y Giselle, una vez más, se hizo carne y habitó entre nosotros.

Daniel Lesur, administrador de la Ópera, se acercó a nuestra gran bailarina: «Alicia –le dijo– desde hacía mucho tiempo, desde el siglo pasado, Giselle era una pieza de museo, una cosa muerta. Usted con su genio, la ha revivido, nos la ha restituido. Gracias a usted la vimos esta noche como hubiese querido verla Théophile Gautier».

Alejo Carpentier, escritor cubano. Diario *Granma*, 1972

El mando de los viejos pulsos telúricos desemboca, como una derivación obligada, en la dura maestría, reconquistada en cada amanecer. Alicia Alonso es un ímpetu tenaz, frenético, heroico disparatado contra la enfermedad y contra el tiempo, hacia la perfección incansable. Y lo que no han visto muchos es la comunicación sabia e incesante entre el ser y el hacer, entre la ansiedad vitalicia y el oficio exigente. El dominio de las técnicas es siempre un menester indispensable, pero secundario y sin relieve si no está fecundado por el mando genésico que, al embridarse, rompe en abanicos de sorpresas. No todos los que aplauden enfebrecidos su Giselle o su Carmen descubren, entre la maravilla del movimiento exacto, la savia inmortal que las sustenta y eleva.

Juan Marinello, escritor, pensador cubano. *Granma*, 1972

Por eso Alicia Alonso es, sin dudas, un prodigio de voluntad excepcional. No puede discutirse que aquí su interpretación es verdaderamente singular. ¡Cómo ha logrado rescatar al ballet de los brazos ajenos y caducos del romanticismo y hacerlo un acto contemporáneo, una realidad palpitante! Porque ella ha trabajado no con una escuela históricamente vencida, ni con lo aparencial, sino con las legítimas esencias; ha redescubierto lo intrínsecamente humano y perdurable.

Nicolás Dorr, dramaturgo cubano. Revista *Cuba en el Ballet*, 1977

Fue una interpretación conmovedora, definitiva, en cuanto a posibilidad de servir de modelo; viva en el aliento próximo de su permanencia.

Alejandro G. Alonso, crítico.
Juventud Rebelde, 1978

La Alonso por su parte, en la plenitud de su genio, fue toda interioridad y poesía. Su don de la línea absoluta, la levedad de su vuelo, la cualidad misteriosa en la dinámica de cada gesto o paso, fueron, más que danza, una filosofía del movimiento.

Marta Gómez Ferrals, periodista y editora cubana.
Revista *Cuba en el Ballet*, 1979

La excepcionalidad de Alicia Alonso en el papel ha sido tan subrayada a lo largo del tiempo, que hace innecesaria cualquier ponderación adicional.

Alejandro G. Alonso, crítrico. *Juventud Rebelde*, 1980

La Giselle de Alonso y Vasiliev quedará registrada entre los momentos más memorables de la danza contemporánea.

Alonso y Vasiliev elaboraron una danza sin precedentes, brillante y original, profundamente lírica y humana.

Había concluido la magia del encuentro de dos genios. El público se resistía a abandonar la sala. La mayoría de los espectadores comentaban que, junto a la alegría del disfrute estético, experimentaban también cierta tristeza por la fugacidad del momento vivido.

Anubis Galardy, periodista. *Prensa Latina*, 1980.

Véase sino a Alicia Alonso, paulatinamente dueña de su balance y su giro, desafiante en medio del poder del amor de su personaje en la locura, esa locura danzada de Giselle, no producto de gran actuación como se ha dicho, ni de la gran actriz que ella es, sino de gran danza, de la gran bailarina que ella es, se completó el efecto. Sus dos partes distinguibles culminaban el muestreo de contrastes: una primera, lenta, angustiosa, con la repetición a otro tempo de las danzas bailadas con Albrecht. La segunda, descarnada, desatada, desbordada, genuina, a partir de que comienza a tirarse de los cabellos y hace más rápido el ritmo, y que culmina con la fulminante muerte, centro de la escena final del acto inicial.

Dino Carrera, crítico. *Boletín VII Festival Internacional de Ballet*, La Habana, 1980

Su Giselle, en el marco del VII Festival internacional de Ballet de la Habana, significó una función por muchas razones inolvidable. Supo, como siempre, convencer por la espontaneidad de su baile, el equilibrio dramático —conmovedoramente roto en la secuencia de la locura, en el final del primer acto—, y la integración en la escena de su experiencia, su genio, su buen gusto y su personalísima manera de expresar, de expresarnos apenas con un gesto, la definición de un carácter.

Eliseo Alberto. Escritor. *Verde Olivo*, La Habana, 1980

La Alonso sigue siendo la intérprete suprema de Giselle, el más romántico de sus papeles. Su línea, sin fin y sin costura, su balance eterno, su atención a todo matiz dramático, igual que su poder técnico sin rival; todo ello hace de su Giselle un evento trascendental del teatro.

Octavio Roca, crítico y escritor. *Boletín VII Festival Internacional de Ballet*, la Habana, 1980

De variadas materias se hacen los monumentos. Este que esculpe Alicia en Giselle, y bajo su fuego creador, quienes la acompañan, es algo que se hace de la propia carne, del sentimiento mismo restallando bajo ella.

Rosa Elvira Peláez, crítica. *Granma*, 1980

Como la mayoría de los ballets románticos, el quehacer de Giselle descansa en la prima ballerina, quien debe ser dueña de virtuosismo técnico en el baile y al propio tiempo de una alta disposición para la mímica. Aunque Giselle ha estado en el repertorio de bailarinas excepcionales como la Grissi, Fanny Elssler, Anna Pávlova, la Markova y otras, se considera a la prima ballerina assoluta cubana Alicia Alonso como la más extraordinaria Giselle de todos los tiempos.

Pedro Simón, crítico, escritor, ensayista.
Libro *Alicia Alonso-Vladimir Vasiliev. Giselle*, 1981

He aquí la maravilla de los grandes creadores: lo que Alicia Alonso hace en Giselle, lo que continúa haciendo hace treinta y cuatro años, es una auténtica obra de arte, es algo que bastaría y sobraría para darle renombre mundial a esta grandiosa bailarina... Creo que de haber caído Giselle en otras manos que no fueran estas que Alicia Alonso mueve con tan rara perfección, el ballet se hubiera venido abajo hace mucho tiempo.

Gastón Baquero, poeta. The Miami Herald, 1982

Con su versión de Giselle, Alicia Alonso, figura eminente de la cultura cubana, confirma que la tradición artística no se destruye sino que construye desde ella el nuevo arte.

Mayda Bustamante, ensayista. *Giselle: paradigma de la concepción de Alicia Alonso sobre los ballets románticos.* Ediciones Gran Teatro, La Habana, 1986

Giselle no es solamente el papel estelar de Alicia Alonso, es también un ballet que ha sido experiencia de las bellas artes para los miles que lo ven, especialmente en la producción que ha creado la Alonso para el ballet cubano.

Lo que realmente interesa es ese encanto, esa espiritualidad, esa insuperable gracia con la cual ha creado la más grande Giselle de nuestra época.

Raúl Romero, crítico. Revista *Cuba en el Ballet*, 1989

Alicia Alonso es un misterio entre los misterios de la isla. Ella es, al propio tiempo, uno de nuestros más relumbrantes milagros. Con esta frase creo repetir tópicos. Es muy difícil tocar la grandeza con las palabras de todos los días.

Abilio Estévez, escritor. Revista *Cuba en el Ballet*, 2000

Ella es magnífica en sus movimientos y perfecta cuando gira la cabeza o curva el brazo, o cuando se detiene y es como si el mundo entero no existiese y ella lo fuese creando, inocente y sin esfuerzo, desde el negro caos: voltea el rostro y nace el arte, el primer motor.

Alberto Acosta, crítico, poeta. Revista *Cuba en el Ballet*, 1992

Creo que esta tarde Alicia hizo la escena modelo para que las generaciones futuras la tomen como reto. Alicia logró trasmitirnos en cada acorde la tragedia de la Giselle enamorada, burlada, enferma, loca y lúcida, por momentos.

Carlos Ruiz de la Tejera, actor. *Revista Cuba en el ballet 1992*

Por ella Giselle se convirtió en una muchacha cubana bailando sola en el patio de su casa el misterio unitivo de las islas, el hechizo de la isla más entrañable y herida; el patio cubano se convirtió en escenario universal; todas las muchachas cubanas se alzaron con Giselle hasta el patio de la gloria. De la gloria sencilla, la gloria amorosa de todos, la gloria cubana, por cuya gracia le damos gracias, Alicia, señora nuestra.

Cintio Vitier, escritor y poeta. Palabras leídas en la conmemoración del aniversario 50 del debut de Alicia Alonso en Giselle en 1993

En una palabra: estamos ante la Giselle suprema. Por eso decía Haskell, con toda razón: "cómo puedes bailar Giselle, si Giselle eres tú."

Eduardo Heras, escritor, crítico. Revista *Cuba en el Ballet*, 1993

Tengo una deuda con Alicia Alonso, pero ¿quién no tiene una deuda con Alicia Alonso? Alicia Alonso violentó el mercurio de la pereza tropical para instalarse en el vacío, que es el movimiento perpetuo. Por lo tanto una deuda con Alicia Alonso es una deuda importante. Nadie esa noche pudo imitarla. Nadie recibió una ovación más sentida que la que se le tributó a la cubana Alicia Alonso. Y como creo en las leyendas, porque, como decía Paul Valéry, son más necesarias que las historias, Alicia Alonso, esa noche, al menos para mí, dejo de ser una mujer sobre un escenario para convertirse en una isla, en un país, en Cuba.

Miguel Barnet, poeta, escritor.
Revista *Cuba en Ballet*, 1993

Los niveles de excelencia técnica, artística y estilística alcanzados por Alicia Alonso en su antológico transitar por el rol, así como sus triunfos junto a todos estos partenaires, ante el público y la crítica más exigentes del mundo, hacen hoy más válidas que nunca las palabras de otro importante crítico, el argentino Fernando Emery, quien en 1949 afirmara: "ella nació para que Giselle no muera."

Miguel Cabrera, historiador del Ballet Nacional de Cuba.
Revista *Cuba en el Ballet*, La Habana, 1993

Hace unos años usted y yo tuvimos un corto encuentro, un encuentro confesional, el único que hasta hoy hemos tenido. Yo trabajaba entonces en un ballet sobre Fanny Elssler, al que usted de pronto tituló La divina Fanny, y así quedó para siempre titulado y con ese título lo publiqué más tarde. Estábamos en la Casa del Ballet, en Calzada, cuando le pedí que me explicara ciertas diferencias entre *La sílfide* y *La cachucha*, que había bailado Fanny Elssler, y que me permitirían terminar de escribir una escena incompleta. Usted comenzó su explicación oralmente y en un instante dado, que le pareció propicio, se levantó y danzó la diferencia entre ambos ballets. En ese instante sentí de muy cerca, como lo había sentido en sus grandes momentos escénicos, que de su cuerpo brotaba una fuerza, una energía casi sagrada.

Mi asombro se volvió una revelación múltiple: su cuerpo era una unidad con su alma y yo estaba ante una gran artista.

Gracias por haberme escuchado.

Antón Arrufat, escritor. Revista Cuba
en el Ballet, 2006

Con el paso del tiempo, Alicia Alonso no sólo enriqueció su papel personal sino que hizo lo mismo con la producción del Ballet Nacional de Cuba, y todo ello nos hace concluir en lo que ya es un tópico: Alicia Alonso es la más grande Giselle de nuestra época, y la versión cubana del ballet romántico es la más rigurosa que se puede ver en la actualidad en todo el mundo: versión que por derecho propio ha pasado a formar parte del repertorio de las más importantes compañías de ballet del mundo, entre ellas, la Ópera de París, estableciéndose así un círculo mágico con casi un siglo y medio de trayectoria. Allí había nacido *Giselle*, y la más universal de las artistas cubanas la devolvió, no sólo desempolvada, sino más hermosa.

Roger Salas, Crítico hispanocubano. Palabras escritas para el
programa de mano de la Giselle que celebró el 70 Aniversario del debut
de Alicia en este rol en el Teatro de La Maestranza
de Sevilla el 2 de noviembre de 2013

Alicia Alonso es, en otros aspectos, un fenómeno sólo comparable humanamente con Beethoven, que fue capaz de componer con dificultades que, precisamente, le impedían escuchar; o con Degas, que pintaba cuando ya no podía gozar del sentido de la vista. Alicia Alonso, que ha padecido una inmerecida limitación visual desde muy joven, acrecentada con los años, ha bailado con esa dificultad a un nivel de máxima excelencia, y pertenece por derecho propio a ese reducido universo en el que caben muy pocos nombres: el de la genialidad.

Mayda Bustamante, ensayista, *Alicia Alonso o la eternidad de Giselle*. Ediciones Cumbres, España, 2013

En casi todas las religiones y cultos existen diosas mitológicas, como Afrodita -para el amor- y Palas Atenea -hasta para la guerra-; en el ballet, que también es un culto y una devoción, con grandes e inolvidables figuras icónicas, Alicia Alonso es, sin lugar a dudas, la diosa mitológica de la voluntad, del tesón, de la perfección; transmutada para siempre en Giselle.

Baltasar Martín, critico cubano norteamericano.
Texto escrito especialmente para el libro *Giselle: el instante eterno*.
Ediciones Cumbres, 2023

CHILE

Alicia Alonso es ese ademán en el aire indeterminado de la fantasía que sublima nuestras pasiones para hacer de ellas metáforas en acción. Música, poesía, drama y movimiento son los ingredientes de su arte; inteligencia, sensibilidad y gracia, los componentes de la atmósfera en que se mueve; ritmo interior e intuición, los signos que la comunican con la realidad externa y le permiten establecer un vínculo perfecto entre el personaje que ella crea y los personajes que viven a su alrededor.

Fernando Alegría, crítico. *Vórtice*, California, 1978

Alicia Alonso, como estrella invitada en la Ópera de París, en el estreno de su versión coreográfica de *Giselle* por la compañía francesa, en 1972.
Foto: Francette Levieux

DINAMARCA

La Alonso vivió el papel con emociones más bellas que toda la técnica que, sin embargo, también posee. Logró un efecto muy especial simplemente con cambiar bruscamente entre ritmos muy lentos y violenta rapidez. Más que todo, ella ha sido un ejemplo de que es imposible bailar Giselle solamente con la técnica, por muy fabulosa que ésta sea necesita alma, y cuán rara es ésta lo ha demostrado la Alonso.

Ebbe Mork, critico. *Politiken*, Copenhague, 1969

Ella es la más conmovedora y dulce Giselle que hemos visto.

Swend Kragh-Jacobsen, crítico. *Berlingske Tidende*.

Copenhague, 1969

REINO UNIDO. ESCOCIA

Alicia Alonso, ha sido reconocida por largo tiempo como una de las grandes intérpretes del rol. En el segundo, ya convertida en el espíritu de Giselle, combina el más alto grado de habilidad técnica, con una realmente exquisita cualidad etérea.

Alison Downie, crítico. *Glasgow Herald*, Glasgow, 1979

Ciertamente la Giselle de la Alonso, que ella también coreografió, posee esos momentos conmovedores que cortan el aliento.

R. M, crítico. *Evening New*s, Edimburgo, 1979

Alicia Alonso, bailó el rol de Giselle, un rol que para muchos amantes del ballet, es especialmente suyo.

Una Flett, crítica. *The Scotman*. Edimburgo, 1979

ESTADOS UNIDOS

Nuestra mejor Giselle no fue en el Ballet Theatre; pienso que fue la que hicimos en el teatro Griego de los Ángeles, California. Nos quedó perfecta. Alicia estuvo magnífica, jamás vi tal integración, tal espiritualidad, tal fuerza en la escena; fue realmente algo maravilloso.

Igor Youskévitch, bailarín ruso norteamericano.
Revista *Cuba en el Ballet*, 1970

La exquisita actuación de Alicia Alonso en el papel de Carlotta Grisi, en el "Pas de Quatre" de Anton Dolin, es un augurio de que en una fecha no muy distante ascenderá llena de gracia hacia el papel más famoso de Grisi: Giselle.

John Martin, crítico. *The New York Times*,
Nueva York, 1941

Su Giselle, ciertamente, es una bella pieza de trabajo, y se deplora profundamente que no vaya a haber repetición de la misma.

John Martin, crítico. *The New York Times*, Nueva York, 1943

Yo afirmo que puede decirse con toda seguridad que Alicia Alonso es la mejor de las Giselle contemporánea, y esto significa un gran elogio, porque sus rivales en el papel son famosas y experimentadas bailarinas.

Walter Terry, crítico. *The New York Herald Tribune*, Nueva York, 1947

En el primer acto de *Giselle*, con el Ballet Nacional de Cuba.
Foto: Museo Nacional de la Danza, La Habana

Desde anoche, cada vez que yo pienso en Giselle, no puedo pensar más que en Alicia Alonso.

Louis Biancolli, crítico. *New York World Telegram and Sun*, Nueva York, 1951

Alicia Alonso excita al espectador. Cuando ella viene a terminar su primera variación en Giselle, el teatro entero vocifera su aprobación, pues aunque a ella también le preocupa el estilo, no disminuye la gloria de la acción física. Sus piernas se extienden hasta su cabeza y sus balances sostenidos hacen retener la respiración, su concepto de la dramatización se colorea por el fervor latino y en su concepción del segundo acto de este ballet, el poder del amor humano es sin duda una fuerza con la que hay que contar.

Walter Terry, crítico. *New York Herald Tribune*, Nueva York, 1952

No hay otra compañía en esta parte del Mundo que pueda bailar *Giselle* tan convincentemente. Hay dos razones muy claras para esto, y sus nombres son Ígor Youskévitch y Alicia Alonso.

Irving Sablesky, *Chicago Daily News*, Chicago, 1954

Alicia Alonso es una de las más grandes intérpretes de Giselle. Para la mayoría, es la suprema.

Walter Terry, crítico. *The New York Herald Tribune* Nueva York, 1957

Me parece que Alicia Alonso está llegando a un punto en su carrera en que se le puede considerar una de las bailarinas supremas de nuestra era.

Whintrop Sergent, crítico. *Musical Events*, The New York, 1957

Desde los primeros pasos, esta Giselle de la Alonso ha sido como para robarnos el corazón. Ella, con su aguda interpretación, logró establecer en la audiencia un sentimiento de tanta ternura que nos hizo real la trama desarrollada, pero esto es solamente en cuanto a la interpretación, porque, además, Alicia Alonso se nos mostró también como una experta bailarina, alejada de toda desviación, bailando siempre con una ligereza fenomenal, como si para ella el suelo no desempeñase ningún papel.

Louis Biancolli, crítico. *New York World Telegram and Sun,* Nueva York, 1960.

Una estrella cubana domina en el Ballet. Al lado de su sencillez, desenvoltura y técnica, ella puso plenamente en evidencia aquel élan especial que vuelve grande a un bailarín. Ella es una de las primeras bailarinas de nuestros días.

Jean Maguire, crítico. *New York Herald Tribune,* Nueva York, 1966

Después de decir Alicia Alonso uno se da cuenta que ha dicho Giselle, porque la Alonso ha entrelazado ineluctablemente su nombre a la desafortunada heroína.

The New York Times, Nueva York, 1967

Su Giselle superó recuerdos pasados, evocando la edad del romanticismo como pocas pueden ser capaces. A través de toda la representación estuvo imbuida de una nueva delicadeza; a pesar del tiempo, de nuevo ella se abalanzó en una pura danza gloriosa –sus virtuosos échappés en el segundo atrajeron los aplausos del público a sus pies. Balances que deben ser vistos para ser creídos. Y en todas partes, estilo, estilo, estilo.

Gerald Fitzgerald, crítico. *Dance Magazine*, Nueva York, 1971

Con Alonso se comprende, por qué todo, cuando es tomado de la experiencia de la vida, revela lo más rico, así como lo que verdaderamente el rol de Giselle ofrece a una gran ballerina. Flota y vuela.

Brendan Fitzgerald, crítico. *Daily American*, Nueva York, 1972

Para comenzar diremos que, sin discusión, la bailarina cubana Alicia Alonso es la absoluta prima ballerina literalmente, ella reina. Sobre todo, Alonso es una bailarina lírica con una total maestría del vocabulario de la danza clásica, cualidad verdaderamente increíble. Alonso lo ha captado todo en una manera rara y controlada de bailar, es una actriz completamente capaz de establecer un patrón para Giselle. Ella es Giselle, y su tragedia es completa cuando la lóbrega realidad fuerza a su frágil naturaleza a regresar a la tumba...para siempre.

Andrea Herman, crítica. *Evening Tribune*. San Diego, 1977

Fue la función de Giselle más conmovedora y más nítidamente delineada que yo he podido ver jamás. Maravillosa como estuvo en el primer acto, su verdadero gran triunfo fue en el segundo, en el que, cuando sale de la tumba, lucía más ligera que el aire mismo.

Sus delicados pies revoloteaban como alas y sus brazos flotaban sin esfuerzo alguno.

Barbara L. Archer, crítica. *Lifestyle*, Nueva York, 1977

Y tras un firme comienzo en el pas de deux del segundo acto, finalizó con una deslumbrante ostentación de técnica, que demostró que los pies pueden ser más rápidos que la vista. Ella es excepcional.

Bil Zakariasen, crítico. *Daily News,* Nueva York, 1977

Su danza tuvo toda esa magistral musicalidad y ese arrollador ligado de fraseo con el que siempre la hemos asociado.

Es una Giselle que sale de la tumba y se acerca a la vida henchida de compasión y de compresión femenina. Feminidad y madurez: estas son las notas más sobresalientes de su nueva poesía.

Pero ¿quién se atreve a medir la exquisitez cuando se trata de un genio?

Agradecemos haber podido ver de nuevo a Alonso; pero ¿quién puede imaginar lo que nos hemos perdido de ella en todos estos años? ¿Cómo se puede medir la pérdida de un genio?

Clives Barnes, crítico. *The New York Times.* Nueva York, 1977

Su actuación aparece exquisitamente calculada, refinada durante años, tremendamente interesante y conmovedora.

Deborah Jowitt, crítica. *Voice.*Nueva York, 1977

El público se puso de pie; el público aplaudió, el público le gritó bravos y coreó "¡Alicia!, ¡Alicia!, ¡Alicia...!" era una genuina demostración de entusiasmo y reconocimiento a una de las más grandes ballerinas de todos los tiempos en su más famoso papel.

¿En qué consiste la magia de Alonso? En reposo, está el bello perfil aguileño; sobre la punta, las perfectas piernas y los hermosos pies con sus inmaculados empeines. Cuando se mueve, ofrece una sensación de etereidad, de gracia flotante, una línea larga y pura que se evidencia en cada movimiento. Su técnica, que es la base de la ilusión que ella crea en el espacio, posee la solidez de una roca [...] se muestra fuerte y flexible [...] sus extensiones son una verdadera maravilla en cuanto a su alcance y su elasticidad, y sus pirouettes simples y múltiples parecen hechos por una máquina; tal es su precisión. Los detalles que utiliza para adornar determinados pasos ordinarios pueden ser considerados joyas de belleza artística. Como actriz, Alonso tiene una habilidad consumada y es capaz de incorporar el personaje de Giselle de la manera más convincente.

Donald Dierks, crítico. *The San Diego Union*. San Diego, 1977

La Giselle de Alicia Alonso sigue estando entre las más grandes. Alicia Alonso demostró de nuevo su reputación como una de las más exquisitas Giselle del siglo al bailar dicho papel junto a su vieja compañía, el American Ballet Theatre, en una función de gala el 29 de septiembre donde se le hicieron veinte llamadas a escena.

Elenne Currie, crítica. *United Press International*.
Nueva York, 1977

Jamás fue tocada por la gravedad y demostró ser una de las mejores Giselle de la historia.

Frances Herridge, crítico. *New York Post*. Nueva York, 1977.

No es de maravillarse que ya al principio de su carrera estuviera predestinada con seguridad a contarse entre las más grandes bailarinas. Ahora está al nivel de Pávlova, Markova y Danílova.

Lillie F. Rosen crítica. *Cue Magazine*, Nueva York, septiembre, 1977

Alicia ofrece de manera constante una lección de estilo sumada a una lección de técnica igualmente sorprendente.

Alonso emerge, sin la menor dificultad aparente, como un ser inmaterial; y a diferencia de las demás wilis, se muestra pálida, elegíaca, frágil y totalmente etérea. Sus pies susurran, el tul de su tutú es como una nube en el aire; su línea es exquisita, su sentido del reposo, omnipotente; su suave bravura increíble.

Alonso no se opone a ciertas libertades. Disminuye la velocidad de la orquesta en un adagio climático, hasta el punto cero; entonces, emprende el vuelo en elevaciones de una rapidez que deja a todos (menos a ella) sin respiración.

En otra bailarina, tal comportamiento podría parecer amanerado y gratuito; en ella no sólo es aceptable, sino inevitable. Ella es inolvidable...

Martin Bernheimer, crítico. *Los Angeles Times*, Los Ángeles, 1977

Alicia Alonso sigue siendo Giselle. Alicia Alonso, que ha regresado al sur de California para hacer una increíble aparición como artista invitada del Ballet de San Diego, es sin duda una de las más grandes ballerinas de este siglo. Esto lo sabe cualquier balletómano digno de un demi-plié; pero sucede que ella además de una gran bailarina es una heroica sobreviviente.

Ha conquistado virtualmente el devenir del tiempo. ella es una genuina exponente de una escuela específica y de un periodo de la danza –grande, afirmativo, sensible, indulgente, exquisitamente detallista– que está hoy en vías de extinción.

Martin Bernheimer, crítico. *Los Angeles Times*, Los Ángeles, 1977

La interpretación de Alonso fue muy convincente.

El cuerpo de baile desarrolló un trabajo más excelente que de costumbre, como generalmente hace cuando baila junto a una estrella de gran magnitud.

Mary Campbell, crítica. *Asociated Press Inter*national, Nueva York, 1977

Su actuación la última noche, continuó siendo una hazaña excepcional y extraordinariamente única. Ella aún tiene estupenda fuerza y seguridad en todo momento. Sus pies son increíblemente ligeros –en los ronds-de-jambe, por ejemplo, y en los petit bettement–, y puede sostener sensacionales equilibrios. sigue teniendo una pavorosa ligereza en la ejecución de los pasos y en el fraseo. Su actuación fue la que podría ofrecer, únicamente, una artista de su rango y categoría.

Alan M. Kriegsman, crítico. *The Washington Post*, 1978

Giselle, sin dudas, es la firma balletística de la Alonso. Ella interpretó el rol por primera vez en 1943 como un miembro del Ballet Theatre y anoche lo bailó de nuevo. Esta versión es la de mayor coherencia dramática de todas las que se han visto aquí, por décadas.

La clave para esta Giselle hay que buscarla en la concepción misma de la puesta en escena que muestra a una muchacha que, sobre todas

En el primer acto, con el Ballet del Teatro Bolshoi, Moscú, 1958. Foto: Novosti

las cosas, gusta bailar, y que no deja de ser una verdadera metáfora de la propia gran bailarina.

Anna Kisselgoff, crítica. *The New York Times*.

Nueva York, 1978

Alonso es una de esas ejecutantes totalmente convincentes en la escena, y esto concebido no en términos de naturalismo, sino de teatralidad, y medido en la escala de las actuaciones superiores. Ella sintetizó toda la emoción y la narración de la historia, en una serie de gestos esenciales, que se produjeron con una amplitud clara e intensa.

Tobi Tobias, crítica. *Dance Magazine*, Nueva York, enero, 1978

La vida de Alicia Alonso, como la de ninguna otra bailarina de este siglo, ha estado envuelta en la leyenda, pero también cargada de significación social.

Zofia Smardz, crítica. *The Washington Star*, Washington, 1978

En su interpretación de Giselle, Alicia ofrece nuevos matices que nunca antes fueron mostrados. Hay detalles de buen teatro que solamente un artista o director excelente percibirán. Está la timidez de la campesina que se torna vehementemente comunicativa bajo el estímulo de la seguridad del amor. Está la compasión humana que invoca la frágil joven angustiada y enloquecida. Y están los delicados detalles de técnica meticulosa añadidos al veloz virtuosismo que regocija y crea el ambiente sobrenatural del segundo acto.

Ann Barzel, crítica. Revista *Cuba en el Ballet*, 1979

Y la Alonso vino al proscenio con su intensa expresividad para saludar con profunda reverencia, sus brazos curvados alrededor de la cabeza: ¡una visión salida directamente del siglo XIX!

Ann Holmes, crítica. *Houston Chronicle*, Houston, 1979

La Alonso nos entrega una actuación total, un compendio, una completa entidad, que en expresiones faciales y en sentimientos nos cuenta quién es Giselle. Es una sensitiva, detallada y perfectamente equilibrada representación, que permanece como un modelo de estilo, buen gusto y autoridad.

Martin Bernheimer, crítico. *Los Angeles Times*, Los Ángeles, 1979

Es el día de la más alta figura de la danza en Cuba. Una persona sin igual, un vivo monumento nacional de juventud, belleza y vigor; un milagro de esta era: la dama Alicia Alonso.

Los años han pasado, Alicia te ha aportado más polvo áureo, más brillo al papel que tanto ella ama y por el que siempre será recordada: Giselle.

Walter Terry, crítico norteamericano. Revista *Cuba en el Ballet*, 1979

Agradeceré eternamente haber estado allí viendo bailar y escribiendo sobre la danza, cuando Alicia Alonso se convirtió de una joven bailarina trabajadora, indomable y luchadora, en una soberbia artista, que es al mismo tiempo una gran cubana, una gran americana (gran parte de su prodigiosa carrera fue con nosotros) y una gran ballerina mundial.

Walter Terry, crítico norteamericano. Revista *Cuba en el Ballet*, 1979

Alonso, en la cúspide de su forma, se deslizó, increíble y fácilmente, a través de las demandas técnicas de Giselle, dando especial acento a su todavía incomparable batería. Respaldada por el maravilloso cuerpo de baile del Ballet Nacional de Cuba, la pareja ofreció una Giselle incandescente, como sólo puede verse una vez en la vida.

Walter Terry, crítico. *Ballet News*, Nueva York, 1981

La wili de Alicia es más que un espíritu de frío corazón. Tiene calor humano, es todavía la Giselle humana que trasmite el mensaje de la eterna mujer, compasiva en su amor.

Ann Barzel, crítica. Diario *Juventud Rebelde*, 1988

Alicia Alonso posee un intelecto sagaz, que se evidencia en la lógica dramática y estética de su coreografía para este ballet, concebida por ella para la compañía que dirige, el Ballet Nacional de Cuba.

Ann Barzel, crítica. Revista *Cuba en el Ballet*, 1993

Alicia es un milagro de bailarina, no sólo porque se mantiene bailando más tiempo que otras bailarinas, sino debido a la estructura física de su cuerpo, hecho realmente para bailar, y por su admirable sentido del movimiento. Ella no va de un lugar a otro con pasos de danza, sino que simula crear nuevos espacios con su baile pleno de gracia. Alicia es una artista total. Ella interpreta tan bien como baila, y sus posibilidades expresivas son prácticamente ilimitadas.

Igor Youskévitch, bailarín ruso norteamericano.
Revista *Cuba en el Ballet*, 1993

En el primer acto, con el Ballet del Teatro Colón de Buenos Aires.
Foto: Annemarie Heinrich

ESPAÑA

Para Alicia Alonso, seguramente, la representación de anoche fue una más que añadir al calendario de éxitos, para nosotros, sin embargo, la Giselle de Alicia Alonso fue una y no más, la que quisiéramos contemplar siempre y que reconocemos vivamente.

Diario de Mallorca, Palma de Mallorca, 1969

En la interpretación fantasmal del segundo acto, hemos visto una bailarina con excelente técnica, con acusado temperamento y con personalidad propia perfectamente definida y hemos visto también a la actriz que hay en ella.

Menéndez Aleyzandre, crítico. *La Prensa*, Barcelona, 1969

En nuestra larga vida hemos visto incontables interpretaciones de Giselle, pero tan acabada y cabal, tan poética como la de Alicia Alonso, ninguna.

Sebastián Gasch, crítico. *Destino*, Barcelona, 1969

La Alonso alcanza estadios de extraordinaria disponibilidad técnica y una jerarquía estilística inherente a los artistas de sensibilidad e inteligencia singulares.

Solius. *La Vanguardia Española*, Barcelona, 1969

Se dice que Alicia Alonso es la primera figura femenina actual de la danza. Probablemente sea cierto, pero me parece parco elogio clasificar numéricamente a una artista que es capaz de emocionarnos hasta suspender el aliento; que a fuerza de prodigar arte del más puro y conmovedor llega a hacernos olvidar que puede existir un escalafón internacional de bailarinas.

Juan Arnau, crítico. *Tele-Express*, Barcelona, 1971

Bravos y ovaciones cerraron la primera función en la que la gran bailarina Alicia Alonso demostró otra vez su especial sentido de la comunicación, su estilo muy personal e inconfundible, que desde el primer momento levanta una no menos especial admiración.

Gonzalo Pérez de Olaguer, crítico. *El periódico de Cataluña*, Barcelona, 1979

Giselle, una vez más motivo muy bello para que Alicia Alonso, en el papel protagonista, luciera su emocionante y refinado arte de bailarina sensible, expresiva y dominadora de una técnica excepcional que los ya muchos años de carrera triunfal no han podido perturbar.

Joan Arnau, critico *Tele-Expres*, Barcelona, 1979

Pudimos admirar a la gran bailarina Alicia Alonso en su ya mítica creación de Giselle... Como creación artística, su Giselle sigue siendo inigualable.

Luis Ángel Catoni, crítico. *Mundo Diario*, Barcelona, 1979

Todo el teatro está en silencio, paralizado ante el bello ritual de amor y muerte que es ver a Alicia Alonso bailando *Giselle*. Es la culminación del ballet romántico, la obra maestra, el viejo caballo de batalla de la danza del siglo pasado. Decenas de compañías de ballet la incluyen en su repertorio, pero ninguna es tan emocionante como la que todavía baila la prima ballerina cubana Alicia Alonso. Por *Giselle* no pasan los siglos; ni por Alicia Alonso, las décadas.

Revista Cambio, Barcelona, 1979

Alicia Alonso es la gran bailarina de nuestra época. [...] Pero en cierto sentido, y posiblemente incluso en todos los sentidos, Alicia Alonso está bailando ahora mejor que nunca: no sólo porque la pureza de su línea se mantiene intacta, especialmente en la quintaescencia del ballet romántico que es Giselle, o porque el encanto de su pie flexible sigue siendo incomparable, o porque nadie ha superado en las últimas décadas su caracterización de Giselle, sino porque con el tiempo Alicia Alonso ha podido trascender la técnica e instalarse en una especie de estadio superior de la danza.

Mercedes Rico, crítica. *El País*, Madrid. 1982

Establecer una definitiva valoración de la influencia de Alicia Alonso, no sólo en su país sino en el resto de Iberoamérica y del mundo, requiere aún de muchos años de trabajo investigativo y reflexiones.

El público de esa noche vio una Giselle diferente. Alicia se había alejado de su primer modelo, Markova. En el primer acto era cálida, vivaz y directa. No tenía malicia, sólo la pureza y la pasión de una joven aldeana enamorada. En el segundo acto, desarrolló el carácter esquivo de la wili fantasmal, y a lo largo de toda la obra estaba el magnífico baile de Alonso y Eglevsky juntos, convenciendo a una audiencia entusiasta, una vez más, de que la fe puede vencer incluso a la muerte.

Beatrice Siegel, escritora. *Alicia Alonso o la eternidad de Giselle.* Ediciones Cumbres, 2013*Alicia Alonso o la eternidad de Giselle*, Ediciones Cumbres, 2013

Alicia Alonso (La Habana, 1920) hizo de su *Giselle* su bandera, adaptando la versión antigua a sus poderes técnicos, asombrosos en aquellos tiempos, y haciendo del lirismo del segundo acto, un tierno drama de muerte que le ha valido una merecida y sólida reputación en la historia del ballet. La señalada función fue el 2 de noviembre de 1943 con la compañía Ballet Theatre en Nueva York. Es justo decir que hay que hablar del antes y después de Alonso en Giselle. Por la bailarina y por el papel teatral. Esto es en sí solo tema de un estudio minucioso.

Roger Salas, crítico de danza de *El País* y otras publicaciones, *Alicia Alonso o la eternidad de Giselle*, Ediciones Cumbres, España, 2013

FRANCIA

Hemos visto, gracias a Alicia Alonso, una gran Giselle, una encarnación constante del personaje [...]. Sí, es una de las grandes bailarinas internacionales de su generación, y uno se pregunta si será posible encontrar quién la suceda.

Dinah Maggie, crítica. *Combat*. París, 1966

¿A qué se debe la grandeza en una gran bailarina? A una especie de certidumbre en la mirada, a la manera de "despejar" soberanamente o de pasar en "trenzado" a la línea ideal en el espacio, que hace el estilo; al enigma de la ligereza. todo esto, así como otras muchas virtudes, Alicia Alonso las posee sin alteración desde hace más de veinte años. Olga Spessívtseva, Alicia Markova, Galina Ulánova, en el pasado; Margot Fonteyn e Yvette Chauviré, en el presente: he aquí las únicas grandes Giselle conmovedoras. Sin embargo, Alonso, no sé por qué misterio, logra mantener su rango de primera en esa vía láctea.

Olivier Merlin, crítico. *Le Monde*. París, 1966

EL IV Festival Internacional de danza reveló esta semana, en el Teatro de los Campos Elíseos, una de las más conmovedoras intérpretes de Giselle: Alicia Alonso. su Giselle permanecerá histórica.

René Sirvin, crítico. L' Aurore, 1966

En el segundo acto.
Foto: Annemarie Heinrich, Buenos Aires

No soy crítico y menos aún escritor... ¿por qué no se podría hacer un ballet para traducir una emoción tan fuerte como la que me produjo su Giselle? Sí, en lugar de extenderme en superlativos ditirámbicos y, a pesar de todo, gastados, ¿por qué no hacer un ballet sobre Alicia, como sobre Baudelaire o sobre Wagner?

Maurice Bejart, coreógrafo. *Les Saisons de la Danse*, 1970

Alicia fue una inolvidable aparición: un acontecimiento tronante. era Giselle rediviva: un alma danzante.

Jean Laurent, crítico. *Art et Danse*, París, 1971

La credulidad, la magia, lo fantástico, la evasión, un aliento poético sin lugar ni edad, se encuentran en esa excepcional wili que es Alicia Alonso.

Dinah Maggie, crítica. *Combat*, París, 1972

Esta gran artista se hace sentir al emprender la mímica y en la ejecución de las variaciones del primer acto... qué choque, qué emoción artística ella nos ha dado; en la última parte del segundo acto, su pequeña batería es deslumbrante de pureza, de rapidez, sus gestos nos dejan una impresión inolvidable...

Gilberte Cournand, crítico. *Miroir de Paris*, París, 1972

Estrella durante quince años del American Ballet Theatre, donde se representaba la *Giselle* de Fokine, Alonso había repensado cada gesto, cada situación. Con su interpretación ella trastorna al público. Nureyev y Béjart han declarado: "es la más grande Giselle viviente".

Igor, crítico. *Valeurs Actuelles*, París, 1972

Ella es una de las tres o cuatro bailarinas ilustres de nuestros tiempos y su aureola es tal que su arte ha suscitado más de una vocación.

Irene Lidova, crítica. *Revista Had*, París, marzo, 1972

No se veía más que a Giselle, es decir a Alicia Alonso. Es el milagro de la danza contemporánea.

Jacqueline Cartier, crítica. *France Soir,* París, 1972

Alicia Alonso, por su gracia lírica, su inmaterialidad, sus pasos rápidos, su ligereza etérea, su vida interior, puede ser comparada con las mejores intérpretes de *Giselle*.

Un milagro de precisión y de poesía que le ha valido todos los superlativos en Londres, Moscú, Madrid, Montreal y ser consagrada como una de las más grandes bailarinas de todos los tiempos.

Le Figaro, París, 2 de marzo, 1972

Y entonces, milagro del arte, ella hace profusión de eso que nadie más posee: la luminosa claridad de toda su persona.

Marie Brillant, crítica. *La Croix*, París, 1972

Por la belleza de su estilo, aparece como una de las últimas representantes de la gran tradición romántica, ejemplo para las jóvenes generaciones.

Rene Sirvin, crítico. *L'Aurore*, París, 1972

Sublime, si la palabra no estuviera gastada. Devorada por el fuego interior que la mantiene en la cumbre de su arte, ella es la danza misma.

Sylvie de Nussac, crítica. *L'Express*, París, 1972

Para Alicia Alonso, Giselle no es sólo ese personaje que ella interpreta con toda la inteligencia y la musicalidad posibles, es un «cuadro romántico» que debe recuperar el alma de una época y el estilo de su pintura.

Elisabeth Mazoires. Texto publicado en el programa de mano de la temporada 1973 de la Ópera de París.

En el segundo acto de *Giselle* con Vladimir Vasiliev (Albrecht).
Foto: J. A. Pola

HUNGRÍA

El que hayamos podido contemplar con verdadero goce esta pieza, convertida de romántica en moderna por el talento creador, se debe en gran parte a Alicia Alonso, una de las prima ballerinas más excelentes de nuestros días.

Diario Nepszabadsag. Budapest, 1966

En el segundo acto.
Foto: Tito Álvarez

REINO UNIDO. INGLATERRA

Añádasele a esto la depuradísima técnica de que es poseedora la Alonso, y el resultado será la más grande interpretación del rol que el mundo haya conocido.

Peter Williams, crítico. *Dance and Dancers*. Londres, 1953

Con la magia de tu arte, tu baile es verdaderamente soberbio. Ante la inteligencia de tu interpretación del ballet *Giselle*, yo me postro otra vez a tus pies.

Anton Dolin, bailarín y coreógrafo. Montreal, 1967

De las innumerables versiones que de esta obra he visto a lo largo de medio siglo, la versión cubana es la más completa, la más próxima en espíritu a lo que concibió Gautier.

Arnold L. Haskell, crítico. Diario *Granma*, 1967

¿Cómo puedes interpretar Giselle si Giselle eres tú? Tu obra permanecerá mucho tiempo después que hayas dejado de bailar. Generaciones de ballerinas enriquecerán su arte observándote.

Cuba tiene la gran suerte de poseerte, a ti que perteneces al mundo y eres ya inmortal en la historia de nuestro gran arte. Alicia, te saludo con mi mayor afecto como amigo, y con profunda admiración como crítico.

Arnold Haskell, crítico. *Granma*, La Habana, 1967

Hoy es, posiblemente, la más grande bailarina del mundo.

Ballet Today. Londres, 1969

Eternamente joven su técnica, indestructible su personalidad, es ella realmente el milagro de nuestra época.

¡Yo la saludo, entrañable artista, beso sus manos, sus pies adorables!

Anton Dolin, bailarín y coreógrafo inglés.

Revista *Cuba en el Ballet*, 1978

Ella es la gran maestra de la mejor manera de bailar el estilo romántico, y por su total comprensión del tema de Giselle, Alonso nos dice más de este ballet que ninguna otra intérprete de hoy día.

Ella es una bailarina, una gran artista.

Clement Crisp, crítico. *Financial Times*, Londres, 1979

No hay necesidad de decir que la interpretación del rol de Giselle de la Alonso, ha ido cambiando considerablemente, ahora hace más énfasis en la delicadeza y en la gentil sugestión. La parte técnica de su función no fue forzada, y resultó particularmente realzada en el segundo acto, cuando se proyectó como un ser inmaterial.

Fernau Hall, crítico. *The Daily Telegraph*, Londres, 1979

Alicia ha estado perfeccionando su interpretación por más de cuarenta años y ahora resulta llena de las más bellas sutilezas.

Fernau Hall, crítico. *The Daily Telegraph*, Londres, 1984

Es una indómita e inigualable ballerina cuya carrera ya ha rebasado los cuarenta años. Pero tan esplendente longevidad no sería nada sino nos brindara aún el premio de su arte.

Clement Crisp, crítico. *Financial Times*, Londres, 1984

ITALIA

Alicia Alonso fue aclamada delirantemente por el público de Roma al aparecer en Giselle, proclamándose como la mejor de su época... Logró las cumbres de la poesía al bailar.

Il Tempo. Roma. 1953

Ella posee una línea purísima y perfecta. Bailarina de profunda musicalidad y de increíble fascinación, es dueña de una cualidad de movimiento (particularmente evidente en el adagio): mórbido, lento, fluido, dulce, como nadie más posee.

Vittoria Ottolengui, crítica. *Paese Sera*, 1979

La Giselle de Alicia, al igual que todas las creaciones – porque de esto se trata– de algunos grandes artistas en las distintas artes, está "más allá de la técnica" (como está escrito en este libro), sino también más allá de la expresión misma o del sentimiento humano del hecho de una determinada Giselle que nada importa. Es algo nuevo, que no expresa conceptos, no afirma, no relata; está hecho de la técnica, pero no es técnica; puede dar emociones, pero no es la emoción. Es algo que le es propio y exclusivo al arte y que se verifica en una zona profunda y especial del alma que no tiene que ver necesariamente con la llamada realidad.

Alfio Agostini, *Alicia Alonso o la eternidad de Giselle*, Italia, 2013

LETONIA

Seguir la actuación de Alicia Alonso desde el principio hasta el fin del espectáculo es disfrutar de un sincero goce artístico.

A. Viltsin, crítico. Letonia, Riga, 1957

Foto: John F. Mahoney Jr.

MÉXICO

La Alonso sigue siendo la intérprete suprema de Giselle,el más romántico de sus papeles. Su línea sin fin y sin costura, su balance eterno, su atención a todo matriz dramático, igual que su poder técnico sin rival; todo eso hace de su Giselle un evento trascendental del teatro.

Alberto Dallal. *Excelsior*, crítico mexicano, 10 de noviembre, 1980.

Alicia Alonso, que es toda una maravillosa leyenda del ballet latinoamericano, cuando pisó el escenario mexicano, con sólo su presencia conmovió al público. Ella demostró en su danza admirable musicalidad. Dominio, técnica finísima, sensibilidad interpretativa que descansa en un profundo equilibrio interior. Con mucha razón una vez dijo el crítico Fernando Emery: «ella nació para que Giselle no muera.»

Excelsior, ciudad México, 1968

La cubana en Giselle probó ser extraordinaria.

Paulino Ricardo, critico. *El Sol de México*,
Ciudad México, 1977

Alicia Alonso cumple, en el más alto grado de la perfección, el estado de gracia que define y mitifica a la bailarina: ella es, al mismo tiempo, el instrumento y el intérprete.

Juan Vicente Melo. *Siempre!*, México, 1968

POLONIA

Su técnica [en Giselle], dominada en grado absoluto, define los límites de la perfección, mas no es la técnica la que determina el rango del arte de Alicia Alonso. Esta artista, su personalidad íntegra, evoca, como nadie hasta ahora, el arte tantas veces descrito de las grandes bailarinas románticas del siglo pasado.

Teresa Grabowska, crítica. *Trybuna Ludu*, Varsovia, 1966

PERÚ

Por este don interpretativo que la torna superior y distinta, que le confiere definida personalidad, es en Giselle que, en mi concepto, realiza su obra cumbre. Es *Giselle* el ballet ideal para la bailarina idealmente completa. Y Alicia Alonso lo es.

Pablo de Madelengoitia, crítico peruano. *La Crónica*, Lima, 1949,

Llamémoslo genio, y aprisionemos dentro de la breve palabra los múltiples matices que encumbran y distinguen al artista.

Pablo de Madelengoitia, crítico. *Panorama de la danza*,
Lima, 1954

RUSIA

La imagen de Giselle creada por Alicia Alonso es, en varias maneras, rara, pero al mismo tiempo, adorable y convincente. Ella logró conmover y apoderarse del espectador. Lo que nos sorprende es la forma peculiar con la que la Alonso nos ha mostrado una imagen perfeccionada hasta en los más mínimos detalles. Ella percibe la vibración de la música. Este es el más alto elogio que puede darse a un artista de la danza.

Tatiana Vecheslova, crítica. *Cultura Soviética*. Leningrado, 1958

Alicia Alonso, bailarina refinada y magnífica actriz, baila e interpreta a un alto nivel. Observándola, la juventud aprende, debe aprender la técnica precisa, el gusto y la comprensión de que en el ballet no hay «pequeñeces», que en nuestro arte todo es importante, desde el *pas* más sencillo hasta un movimiento, al parecer, imperceptible. En la danza de Alicia Alonso seduce el acabado afiligranado de cada movimiento. Es una gran bailarina en todo el sentido de la palabra.

Galina Ulánova, excelsa bailarina. *Nóvosti,* Moscú, 1964

Alicia Alonso es la más grande bailarina del ballet contemporáneo, de una expresiva individualidad. Para caracterizarla completamente no es suficiente decir que ella posee perfección técnica y sabe cómo crear personajes. Es una personalidad grande e irrepetible en el más alto significado de la palabra. Ha creado una época entera en el ballet.

Alexandra Dashicheva, crítica. *Cultura Soviética,* Moscú, 6 de marzo 1969

Foto: Louis Peres

Su espléndida técnica en este papel –uno de los más difíciles del repertorio clásico– es precisa, de una exactitud académica, y está subordinada por completo a calar hondo en el alma del personaje.

Kamila Yúzhina, crítica. *La Mujer Soviética*, Moscú, 1976

En el segundo acto de Giselle.
Foto: Jorge Valiente

VENEZUELA

He visto bailar Giselle a muchas bailarinas, desde la maravillosa Markova hasta la ingrávida Chauviré. Pero realmente Alicia Alonso será para mí la más inolvidable intérprete de este romántico ballet.

Yo creo que Alicia Alonso es eterna, no solo por el recuerdo de sus magníficas interpretaciones, sino por lo que ha logrado con el Ballet Nacional de su país. Alicia Alonso es el triunfo de la voluntad, Alicia-Cuba es un milagro.

Pablo Chissone Anzola, crítico. *El Impulso*, Barquisimeto, 1975

Con Vladimir Vasiliev (Albrecht), en el primer acto.
Foto: Tonatiuh Gutiérrez

Alicia Alonso-Giselle

Algunos hitos
de una trayectoria

1943

2 DE NOVIEMBRE

En Nueva York, en el antiguo Metropolitan Opera House, Alicia Alonso interpreta por primera vez el personaje protagonista, en sustitución de Alicia Márkova. La acompañan Anton Dolin (Albrecht), Simón Semenoff (Hilarión), Nora Kaye (Myrtha), Dimitri Romanoff (Duque de Courtland), John Kriza (Wilfred), y el cuerpo de baile del Ballet Theatre, del cual formaban parte, entre otros, Rosella Hightower, Barbara Fallis, María Karnílova, Hugh Laing, John Taras, Janet Reed y Muriel Bentley. La orquesta fue dirigida por Antal Dorati.

1945

5 DE JUNIO

Alicia Alonso interpreta el personaje de Giselle por primera vez en Cuba. Dirige personalmente la puesta en escena de la obra para el Ballet de la Sociedad Pro-Arte Musical, de La Habana. La acompañan en esa función

Fernando Alonso (Albrecht), Rosella Hightower (Myrtha) y Simón Semenoff (Hilarión).

1946
JULIO

Durante la primera gira europea del Ballet Theatre de Nueva York, encarna el personaje con André Eglevski como el duque Albrecht, en The Royal Opera House, Covent Garden, de Londres, Gran Bretaña.

15 DE OCTUBRE

Alicia Alonso e Ígor Youskévitch protagonizan el estreno de una nueva producción de *Giselle* del American Ballet Theatre, en el Teatro Broadway, coreografiada por Dimitri Romanoff; y con diseños de Eugene Berman.

1947
29 DE MAYO

El influyente crítico de ballet Walter Terry proclama en el *New York Herald Tribune*: "Alicia Alonso es la mejor de las Giselle contemporáneas".

30 DE OCTUBRE

Primera presentación de la obra por el recién creado Ballet Nacional de Cuba, entonces Ballet Alicia Alonso. Encabezan el reparto Alicia Alonso (Giselle), Ígor Youskévitch (Albrecht), Alberto Alonso (Hilarión) y Barbara Fallis (Myrtha).

1948-1949

Durante la primera gira del Ballet Nacional de Cuba por Latinoamérica, la Alonso interpreta el papel protagonista de la obra en Argentina, Chile, Colombia, Costa Rica, Ecuador, Guatemala, México, Panamá, Perú, Puerto Rico, El Salvador, Uruguay y Venezuela. En el personaje de Albrecht aparecen, indistintamente, Ígor Youskévitch, Nicolás Magallanes, Michael Maule y Fernando Alonso.

1950

Durante una gira del Ballet Theatre, de Nueva York, Alicia Alonso (Giselle) danza por primera vez el rol en Francia acompañada por Ígor Youskévitch (Albrecht), en el Palais Chaillot, de París.

1953

El periódico // *Tempo,* de Roma, la proclama como "la mejor Giselle de nuestra era", durante una gira del Ballet Theatre por varias ciudades italianas. Es la primera bailarina que interpreta *Giselle* en el Teatro San Carlo, de Nápoles, en el siglo XX. Es precisamente en esa plaza teatral donde en 1833 se conocieron Carlotta Grisi y Jules Perrot, encuentro que precedería a la creación, nueve años más tarde, del ballet *Giselle.*

1957

31 DE DICIEMBRE

Alicia Alonso (Giselle) debuta en la Unión Soviética interpretando esta obra, en el Teatro de Ópera y Ballet, de Riga. Se convierte en la primera bailarina del continente americano que actúa en ese país. En Riga, el papel de Albrecht la acompaña Harald Rittenberg.

1958

7 DE ENERO

Como artista invitada del Teatro Kírov de Leningrado, baila *Giselle* acompañada por Vladilen Semiónov (Albrecht).

17 DE ENERO

Tiene lugar su presentación como Giselle en el Teatro Bolshoi de Moscú, junto a Vladilen Semiónov (Albrecht).

Alicia Alonso pone en escena su versión de *Giselle* en el Teatro Colón, de Buenos Aires, Argentina, y para el Teatro Griego, de Los Ángeles, California, Estados Unidos. En ambas ocasiones se presenta en el rol titular junto a Ígor Youskévitch.

1960

21 DE ABRIL

En las funciones ofrecidas con motivo del XX aniversario del American Ballet Theatre, Alicia Alonso y Royes Fernandez asumen los papeles protagonistas, con esa compañía, en el Metropolitan Opera House.
En la primera gira del Ballet Nacional de Cuba por países del campo socialista europeo, la Alonso interpreta el ballet *Giselle,* con Rodolfo Rodríguez en el papel de Albrecht.

1963
Septiembre

El Instituto Cubano del Arte e Industria Cinematográficos (ICAIC) filma la obra —según coreografía de la Alonso sobre la original— dirigida por Enrique Pineda Barnet. En los papeles protagonistas aparecen Alicia Alonso (Giselle), Azari Plisetski (Albrecht), Mirla Plá (Myrtha), Femando Alonso (Hilarión), y Josefina Méndez y Margarita de Sáa (Dos Wilis). Esta versión cinematográfica, considerada ejemplar en su género, ha superado records de solicitudes del público y especialistas en la Dance Collection, de Nueva York. El filme se estrenó en el Teatro Karl Marx, entonces Teatro Chaplin.

1966
2 de noviembre

Al frente del Ballet Nacional de Cuba, Alicia Alonso (Giselle) baila esta obra en el Theatre des Champs Elysées, en el IV Festival Internacional de la Danza de París. De manos de Serge Lifar, recibe el Grand Prix de la Ville de Paris y el Premio Anna Pávlova de la Universidad de la Danza, por su realización e interpretación personal de este ballet. Por ese motivo, la Alonso recibe el homenaje de varias Giselle francesas: Christianne Vlassi, Liane Daydé, Lysette Darsonval, Josette Amiel, Ivette Chauviré, Nina Vyroubova, Claude Bessy y Janine Charrat, que se reúnen especialmente con la artista cubana en la Plaza del Trocadero.

1967

24 DE JUNIO

Como artista invitada de Les Grands Ballets Canadiens, Alicia Alonso (Giselle) interpreta el ballet, en la inauguración del Teatro Wilfred Pelletier, de Montreal, Canadá, como parte de los actos culturales organizados con motivo de la Expo '67. Centenares de espectadores estadounidenses viajan a Montreal para asistir a esta representación.

1968

1º DE ABRIL

El Ballet Nacional de Cuba representa la obra en el Programa Cultural de la XIX Olimpiada, en México. Alicia Alonso (Giselle), Azari Plisetski (Albrecht), Alberto Alonso (Hilarión) y Aurora Bosch (Myrtha) interpretan los papeles protagonistas (Teatro de Bellas Artes, México, D.F.).

3 DE NOVIEMBRE

Alicia Alonso recibe un homenaje nacional en el Gran Teatro de La Habana —denominado en la actualidad Gran Teatro de La Habana Alicia Alonso—, con motivo de cumplirse el XXV aniversario de su debut en el papel protagonista.

1969

18 DE OCTUBRE

Como artista invitada del Real Ballet Danés, Alicia Alonso interpreta la obra junto a Flemming Flindt (Albrecht), en el Teatro Real, Copenhague, Dinamarca.

1971
28 DE MAYO

Alicia Alonso recibe la Medalla de Oro del Gran Teatro del Liceo de Barcelona, España, al concluir su interpretación del segundo acto de *Giselle* en esa institución, al frente del Ballet Nacional de Cuba.

1972

Alicia Alonso pone en escena su versión coreográfica en la Ópera de París, institución en que fuera estrenada la obra en 1841. Interpreta el papel protagonista en las primeras funciones de dicha puesta, junto a Cyril Atanasoff (Albrecht), Wilfride Piollet (Myrtha) y Lucien Duthoit (Hilarion). Director de orquesta: Richard Blareau. Diseño de escenografía y vestuario de Thierry Bosquet. La Televisión Francesa filma los ensayos y la gala inaugural, el 24 de febrero.

1977
30 DE ABRIL

Luego de una delicada operación de los ojos, Alicia Alonso reaparece centralizando su versión completa de la obra, como artista invitada del Conjunto Nacional de Danza de México, en la función inaugural del V Festival Cervantino, en el Teatro Juárez, de Guanajuato. Jorge Esquivel es Albrecht.

29 DE SEPTIEMBRE

Luego de 17 años sin bailar *Giselle* en los Estados Unidos, reaparece en el personaje, en una gala organizada en su honor por el American Ballet

Theatre, bajo el título "Homenaje a una Gran Artista", en el Metropolitan Opera House, de Nueva York. La acompañan Jorge Esquivel, Martine Van Hammel y Marcos Paredes en los papeles de Albrecht, Myrtha e Hilarión, respectivamente, y el cuerpo de baile del American Ballet Theatre.

1978

30 DE MAYO

En el debut del Ballet Nacional de Cuba en Estados Unidos, Alicia Alonso interpreta *Giselle,* en el Centro Kennedy para las Artes Escénicas, Washington, D.C. En otros papeles aparecen Jorge Esquivel (Albrecht), Antonio Gades (Hilarión) y Aurora Bosch (Myrtha).

2 DE NOVIEMBRE

Se produce una Gala con motivo del XXXV aniversario del debut de Alicia Alonso en Giselle, en el Gran Teatro de La Habana Alicia Alonso. Al finalizar la obra, Anton Dolin, su primer Albrecht, le ciñe una corona de laurel. Junto a él, la congratulan en el escenario Ígor Youskévitch y Azari Plisetski, otros partenaires suyos en ese ballet. La Empresa de Grabaciones y Ediciones Musicales (EGREM) pone en circulación un disco en el cual Alicia Alonso habla de sus experiencias en el personaje.

AGOSTO-NOVIEMBRE

Encabezado por Alicia Alonso, el Ballet Nacional de Cuba interpreta la obra en los Festivales Internacionales de la Danza de Santander, Edimburgo y París. La protagoniza, además, en otros importantes teatros de Europa, entre ellos, la Ópera de Sttutgart y el Gran Teatro del Liceo de Barcelona.

1980

12 DE MARZO

El Ballet de la Ópera del Estado de Viena estrena la versión coreográfica de Alicia Alonso. La Prima Ballerina cubana ofrece una clase magistral titulada *Giselle y el ballet romántico*, desde el escenario de dicho teatro.

4 de mayo

En la Gala Conmemorativa por el XL Aniversario del American Ballet Theatre, Alicia Alonso e Ígor Youskévitch vuelven a formar su famosa pareja e interpretan el adagio del pas de deux del segundo acto, en el Metropolitan Opera House, de Nueva York.

31 DE OCTUBRE

Alicia Alonso (Giselle) y Vladímir Vasíliev (Albrecht) por primera y única vez juntos, interpretan la obra en el VII Festival Internacional de Ballet de La Habana. El ICAIC filma un cortometraje sobre la función: *Encuentro*, realizado por Marisol Trujillo.

1981

9 DE MAYO

Se estrena *Giselle* en Nicaragua, en el Teatro Popular Rubén Darío, con la Alonso en el personaje protagonista. La acompañan Jorge Esquivel (Albrecht), Aurora Bosch (Myrtha) y el Ballet Nacional de Cuba.

El Teatro San Carlo, de Nápoles, estrena la versión coreográfica de Alicia Alonso, puesta en escena por la propia artista. En la première, Carla Fracci y Paolo Bortoluzzi asumen los papeles protagonistas.

La Editorial Arte y Literatura, de La Habana, publica la primera edición —bilingüe— del libro *Alicia Alonso-Vladímir Vasíliev-Giselle*, de Pedro Simón.

1982

28 DE MARZO

En la Gala Tributo a Ígor Youskévitch, celebrada en el Performing Arts Center Concert Hall, de la Universidad de Texas, en Austin, se presentan selecciones fílmicas de la interpretación de *Giselle* por la pareja Alonso-Youskévitch, que además interpretan en vivo un fragmento del pas de deux del segundo acto.

1983

20 DE DICIEMBRE

En su Aula Magna, la Universidad de La Habana dedica una sesión solemne a conmemorar el XL aniversario del debut de Alicia Alonso en el papel protagonista de Giselle.

24 DE DICIEMBRE

Se presenta *Giselle* en el Gran Teatro de La Habana Alicia Alonso, con Alicia Alonso en el rol titular, en una Gala conmemorativa por el XL aniversario del debut de la artista en el papel protagonista.

1984

10 DE MAYO

Alicia Alonso (Giselle) interpreta el segundo acto en la primera gira del Ballet Nacional de Cuba a Gran Bretaña, en el Dominion Theatre, de Londres. Se presenta también el 19 de mayo, en el Empire Theatre, de Liverpool.

13 DE MAYO

Alicia Alonso y Jorge Esquivel interpretan una escena del segundo acto en la Gala por el centenario del Metropolitan Opera House, de Nueva York. Esta función fue filmada y ha sido exhibida internacionalmente.

1988

En conmemoración del XLV aniversario del debut de Alicia Alonso en el personaje, se realiza el documental *Giselle eres tú,* que recoge intervenciones de la Alonso acerca de diversos aspectos de la trayectoria de la bailarina en este ballet, así como fragmentos de actuaciones en diversas épocas. El estreno tiene lugar en el Museo Nacional de Bellas Artes, de La Habana, el 2 de noviembre. Este documental, dirigido por Roberto Ferguson, fue realizado por Televisión Educativa.

1989

26 DE ENERO

El Ballet del Teatro Nacional Eslovaco, de Bratislava, estrena la versión coreográfica de *Giselle* de Alicia Alonso.

1991

29 DE DICIEMBRE

Se produce una Gala Conmemorativa del aniversario 150 del estreno mundial de *Giselle.* En dicha función actúan, casi en su totalidad, las figuras y el cuerpo de baile del Ballet Nacional de Cuba. También participan escénicamente miembros de la compañía que en el pasado asumieron distintos roles de la obra. Alicia Alonso interpreta la escena correspondiente a la locura de Giselle, en el primer acto, y en el segundo; fragmentos del Grand pas de deux y la escena final. Esta Gala se realiza en la Sala García Lorca del Gran Teatro de La Habana Alicia Alonso.

1993

Se conmemora el cincuentenario del debut de Alicia Alonso en *Giselle.* En el Gran Teatro de La Habana Alicia Alonso tiene lugar, del 28 de octubre al 7 de noviembre, una Temporada Homenaje a la prima ballerina, cuyo programa comprende, entre otros festejos, ocho funciones de gala. El martes 2 de noviembre, fecha del aniversario, Alicia Alonso interpreta una escena de ese ballet al cierre de una Gala Romántica, con Lienz Chang como Albrecht. El mismo día, la Alonso recibe el testimonio de la admiración del público y de numerosas figuras de la danza e instituciones de diversos países. Al concluir la función, se realizó el desvelamiento de una placa conmemorativa del aniversario en el vestíbulo del teatro. En ese acto, realizó una emotiva intervención el escritor cubano Cintio Vitier.

Como parte de los homenajes que Alicia Alonso recibe por el cincuentenario del debut de Alicia Alonso en *Giselle*, en acto celebrado en San Lorenzo de El Escorial, se le entrega la artista la Medalla por los setecientos años de la Universidad Complutense.

2003

Se conmemora el LX aniversario del debut de Alicia Alonso en *Giselle*. El Festival Internacional del Nuevo Cine Latinoamericano publica un cuaderno con una compilación de valoraciones de importantes escritores cubanos sobre Giselle-Alonso: Gastón Baquero, Miguel Barnet, Alejo Carpentier, Nicolás Dorr, José Lezama Lima, Dulce María Loynaz, Renée Méndez Capote y Cintio Vitier.

2005

En España, la Fundación Autor, de la Sociedad General de Autores y Editores (SGAE), edita un álbum contentivo de dos DVD y un libro, titulado *Alicia Alonso, Giselle, La leyenda*. La edición comprende escenas de diferentes funciones de Giselle protagonizadas por Alicia Alonso, así como reflexiones y una clase magistral suya sobre el referido ballet.

2007

Se edita en Nueva York un DVD de Video Artists International (VAI) con la función de *Giselle* del Ballet Nacional de Cuba protagonizada por Alicia Alonso y Vladímir Vasiliev en 1980.

2008

Con el auspicio del Canadian Youth Ensemble se edita en Canadá el cuaderno "Alicia Alonso. *Giselle*", con un testimonio de Alicia Alonso, críticas, una carta de Arnold L. Haskell; el poema "Alicia Alonso: On

Stage", de Pastor Valle-Garay y otros textos. Esta edición, profusamente ilustrada, incluye imágenes de Alicia Alonso en el personaje de *Giselle* en diferentes épocas y con distintos partenaires.

2012
DICIEMBRE

Se edita, en tercera edición, el libro testimonio del acontecimiento escénico que se constituyó en una leyenda de la danza en el siglo XX, *Alicia Alonso / Vladímir Vasiliev, Giselle. Historia y leyenda*, de Pedro Simón, por Ediciones Niocia, Barcelona. Se restauran más de 360 imágenes captadas por eminentes fotógrafos, que permiten presentar, a manera de foto-drama, lo ocurrido aquella memorable cita, en el Gran Teatro de La Habana Alicia Alonso, el 31 de octubre de 1980. La edición conmemoró el septuagésimo aniversario del debut de Alicia Alonso en el personaje de Giselle.

2013

El Ministerio de Comunicaciones de la República de Cuba emite una serie de sellos de correos conmemorativa del aniversario 70 del debut de Alicia Alonso en el personaje de Giselle. La serie reproduce 6 obras pictóricas inspiradas en el tema, de los pintores Servando Cabrera Moreno, Alicia Leal y Carlos Guzmán, los puertorriqueños Lorenzo Homar y Francisco Rodón, el italiano Agostino Brotto, y una fotografía de Alicia Alonso y Anton Dolin, tomada por Fred Fehl en la función del 2 de noviembre de 1943 en el Metropolitan Opera House de Nueva York.

5 DE JUNIO

El Museo Nacional de la Danza de Cuba inaugura una exposición titulada *Imágenes de una plenitud: Alicia Alonso-Giselle. Aniversario 70*. La muestra se presentó en la Galería de los Oficios, Plaza de San Francisco de Asís en La Habana Vieja, y reunió obras plásticas de una veintena de artistas cubanos y de otros países de América y Europa, que reflejaron en sus creaciones, con una gran variedad de estilos y lenguajes, la impronta dejada en ellos por la interpretación de Alicia Alonso del personaje de Giselle. Son estos artistas los puertorriqueños Lorenzo Homar y Francisco Rodón, el italiano Agostino Brotto, el francés Jean Target, y los cubanos, Agustín Bejarano, Servando Cabrera Moreno, Copola, Nelson Domínguez, José Luis Fariñas, Rocío García, Carlos Guzmán, Jesús Lara, Alicia Leal, Landy Mesis, Ileana Mulet, Ernesto Rancaño, Ricardo Reymena, Julia Valdés y Alfredo Valmaña. Las obras fueron creadas en un período que abarca desde la década de los años cuarenta del siglo XX, hasta nuestros días.

SEPTIEMBRE

Se presenta en España la edición del libro *Alicia Alonso o la eternidad de Giselle*, de Mayda Bustamante, con prefacio de Alfio Agostini, por Ediciones Cumbres (Cuadernos Terpsícore). Este libro es la recopilación más completa que se haya publicado de apreciaciones sobre su interpretación del personaje; y también recoge una selección de opiniones de Alicia Alonso sobre el tema.

2 DE NOVIEMBRE

Con motivo del aniversario 70 del debut de Alicia Alonso en Giselle, tiene lugar en el Teatro de la Maestranza de Sevilla una función de gala, con el ballet *Giselle*. El Ballet Nacional de Cuba, con Anette Delgado y Dani Hernández en los roles principales, presenta la coreografía de la Alonso, con la presencia de la artista, y personalidades de la danza española.

2018

1° DE ENERO

Una escultura que representa a Alicia Alonso en su emblemático personaje de Giselle, creada por el artista José Villa Soberón, fue desvelada en el edificio del Gran Teatro de La Habana, que ostenta el nombre de la gran bailarina. El acto de inauguración tuvo lugar poco antes de efectuarse la tradicional Gala que el Ballet Nacional de Cuba dedica a celebrar un aniversario más del Triunfo de la Revolución, y contó con la presencia de Alicia Alonso, Miguel Díaz Canel, presidente de los Consejos de Estado y de Ministros de la República de Cuba; Abel Prieto Jiménez, ministro de Cultura; así como personalidades de la cultura cubana, entre ellos el coreógrafo y maestro Ramiro Guerra, Premio Nacional de Danza. El Dr. Eusebio Leal Spengler, historiador de la ciudad de La Habana, tuvo a su cargo las palabras centrales.

2 DE NOVIEMBRE

El XXVI Festival Internacional de Ballet de La Habana Alicia Alonso celebra, además de los 70 años del Ballet Nacional de Cuba, los 75 años del debut de la Alonso en Giselle, con un ciclo de representaciones de la obra, en la Sala Avellaneda del Teatro Nacional.

El Museo Nacional de la Danza inaugura, en su nueva sede en el edificio del Gran Teatro de La Habana Alicia Alonso, la exposición fotográfica *Alicia Alonso-Giselle. 75° aniversario,* con igual número de imágenes de la artista en ese personaje.

2023

2 DE NOVIEMBRE

Con motivo del aniversario 80 del debut de Alicia Alonso en Giselle, se realizó en el Gran Teatro de La Habana Alicia Alonso una cancelación filatélica rememorativa, organizada por el Ministerio de Comunicaciones de la República de Cuba. La firma de un sobre diseñado especialmente para esta ocasión estuvo a cargo de personalidades como Ana Julia Marine López, Viceministra de Comunicaciones; Fernando Rojas, Viceministro de Cultura; Aurora Bosch, primera bailarina y maestra del Ballet Nacional de Cuba; Sonia Virgen Mojena, Directora del Consejo Nacional de Patrimonio Cultural; y el Dr. Pedro Simón Martínez, Director del Museo Nacional de la Danza, entre otros. Este último tuvo a su cargo además las palabras de presentación, en las cuales exaltó la trascendencia del personaje de Giselle en la carrera de Alicia Alonso y circunstancias que rodearon el histórico debut de la prima ballerina assoluta, el 2 de noviembre de 1943, en Nueva York. Por su parte, el profesor Ismael Albelo intervino también para referirse a aspectos de la importancia de *Giselle* en el ballet cubano y en particular la proyección internacional de la interpretación de Alicia Alonso del personaje protagonista y su elogiada versión coreográfica de la obra. Como complemento a estas intervenciones, se contó con una exhibición de piezas relacionadas con *Giselle,* de la Colección del Museo Nacional de la Danza, entre las cuales se destacó especialmente el retrato al óleo de Alicia Alonso en el rol Giselle, creado por el pintor

Servando Cabrera Moreno en 1946. El acto concluyó con la actuación de la soprano Milagros de los Ángeles, que interpretó canciones líricas de Ernesto Lecuona.

El libro,

ALICIA ALONSO

GISELLE: EL INSTANTE ETERNO

ha sido publicado el 2 noviembre de 2023 en Madrid

por Ediciones Cumbres.

Catálogo general

edicionescumbres.com

FACEBOOK:
ediciones.cumbres

INSTAGRAM:
editorialeshusoycumbres

TWITTER:
eCumbres